NOTICE

SUR

M. L'ABBÉ DESLAIS

CURÉ-ARCHIPRÊTRE

DE N.-D. DE LA COUTURE

PAR

L'Abbé R. LAFFARGUE

LE MANS
IMPRIMERIE-LIBRAIRIE LEGUICHEUX ET Cie
15, RUE MARCHANDE ET RUE BOURGEOISE, 16

1888

NOTICE

SUR

M. L'ABBÉ DESLAIS

CURÉ-ARCHIPRÊTRE

DE N.-D. DE LA COUTURE

I

M. Jean Deslais naquit au Saulay, en la paroisse de Jublains, le 29 juillet 1814, d'une honorable famille de la bonne vieille bourgeoisie de ce pays du Bas-Maine, si fortement attaché à ses traditions religieuses et politiques.

Son père, Jean-Julien Deslais, cultivait lui-même sa belle et grande terre du Saulay; et la considération et l'estime dont il était universellement entouré, l'avaient appelé à la tête de la municipalité de Jublains.

Sa mère, Françoise Mézière, descendait d'une pieuse famille d'Évron, qui s'honorait d'avoir donné de nombreux prêtres à l'Église, entre autres, un frère de Mme Deslais, alors curé de Saint-Thomas, près de Bais, où le souvenir de ses vertus sacerdotales est toujours resté vivant; et M. Heurtebize, le vicaire général dont l'Église du Mans apprécia longtemps la piété et le talent.

Le jeune Deslais ne devait point grandir sans garder l'impression produite en lui par ces belles traditions de famille, qu'il retrouvait du côté paternel, d'une manière plus vive peut-être dans la personne du vénérable M. l'abbé Davoust, frère de sa grand'mère Deslais, mort au Saulay en 1806, au retour du pénible exil auquel l'avait condamné la Révolution.

A trois ans, Dieu enlève à l'enfant qu'il se destinait, l'appui de sa mère, mais il lui ménage la tutelle sûre et dévouée de sa digne grand'mère, une femme d'un caractère et d'une foi extraordinaires, et dont on vante encore les hautes qualités au pays d'Évron et de Jublains. Elle prend au foyer du Saulay la place de la défunte, et tourne surtout ses soins les plus délicats vers le petit enfant que la Providence lui confie. Elle enracine profondément dans son jeune cœur les premiers germes de cette vive piété, de cette régularité constante, qui distingueront toujours M. Deslais dans sa longue et belle carrière.

Vers l'époque de sa première communion, craignant qu'il ne trouvât pas suffisamment à Jublains et au Saulay, les soins nécessaires à cette grande action, et voulant d'ailleurs lui donner une instruction en rapport avec sa situation, elle fait entrer son petit-fils au collège d'Évron.

A cette époque, les maisons d'éducation sérieuses et chrétiennes ne faisaient point défaut. A l'ombre de la belle abbaye bénédictine, s'était élevé le collège d'Évron, fondé à la fin du XVIIe siècle par un abbé commandataire dont le nom est resté ignoré. M. l'abbé Poupin, originaire d'Évron, obligé, lui aussi, de subir momentanément les tristesses de l'exil, avait rendu ce collège, au commencement du siècle, l'un des plus florissants de la Mayenne.

C'est là que le jeune Deslais fit ses premières études sous

la paternelle direction de M. l'abbé Bouttier qui, plus tard au Mans, où il vint passer ses derniers jours, aimait à redire l'estime et l'affection qu'il avait dès lors conçues pour ce jeune élève si pieux et si régulier.

Vers 1828, l'élève d'Évron entre au collège de Mayenne, où venait d'arriver comme professeur, son parent, M. Mézière. Mais la haute intelligence de M. Mézière avait attiré sur lui les regards de l'Université ; il ne resta à Mayenne que quelques années, après lesquelles il fût nommé secrétaire de l'Académie d'Angers. Son jeune parent quitta Mayenne en même temps que lui, et entra au collège de Château-Gontier en 1831.

Jean Deslais avait alors dix-sept ans et commençait sa rhétorique. Dès son entrée à Château-Gontier, il prend place parmi les premiers élèves du cours. et sort de philosophie avec le second prix d'excellence. Ses maîtres l'estimaient pour sa piété, qui se faisait remarquer de plus en plus, son attachement à la règle jusque dans les moindres détails, et son amour du travail. Ses camarades aimaient en lui sa gaité affable, l'accueil aimable qu'il avait pour tous ; mais sa tenue toujours digne, sa réserve dans les jeux trop bruyants des récréations, inspiraient autour de lui une sorte de respect, et le plaçaient parfois comme à distance d'un certain nombre de ses condisciples.

Dans le courant de cette année de rhétorique il perdit son père, et fut placé sous la tutelle de son oncle Deslais.

Il pensait alors sérieusement à l'état ecclésiastique. Du reste, cette vocation paraît remonter à ses premières années. Quand l'appel de Dieu se fît-il entendre pour la première fois ? — Rien ne l'indique. Peut-être, fût-ce aux veillées du Saulay, lorsque près de sa grand'mère, il avait senti son jeune cœur tressaillir au récit des épreuves subies sur la terre d'exil par son grand-oncle Davoust; peut-être ce généreux dessein fût-il inspiré ou affermi, par la vue des œuvres de zèle et des grandes vertus du curé de Saint-Thomas, près duquel il allait passer une partie de ses vacances.

Après cette année de rhétorique, il manifeste donc l'intention d'entrer au Grand-Séminaire; mais son oncle, privé d'enfants, et qui avait depuis longtemps déjà, rêvé de voir son neveu devenir le chef de la famille, et réunir sur sa tête la fortune des Deslais, s'y opposa de tout son pouvoir, et força Jean à rentrer à Château-Gontier pour y faire sa philosophie.

Le futur séminariste eut alors à subir une pénible épreuve dans sa vocation. Cette opposition de son tuteur, jointe à une timidité naturelle dont son caractère garda toujours quelque empreinte, jeta le doute dans son âme. Pendant toute son année de philosophie, il fut agité par cette triste incertitude, ne sachant si Dieu l'appelait vraiment à l'état ecclésiastique. La lutte se prolongea jusqu'au temps des vacances, mais une entrevue qu'il eut alors avec son parent, M. Heurtebize, sous-supérieur du Grand-Séminaire, dissipa ses craintes, et fit disparaître pour toujours toute incertitude.

II

En 1833, Jean Deslais entrait au Grand-Séminaire. Il comprit aussitôt l'importance de ce temps de retraite où, loin des distractions du dehors, le jeune clerc doit former dans la piété et l'étude le caractère et l'esprit sacerdotal qu'il portera à travers le monde. Il estima que non seulement le temps passé au Séminaire, mais même le temps des vacances, devait être employé à former en lui l'âme d'un prêtre.

Nous sommes heureux de pouvoir, sur ce point, le laisser parler lui-même, et nous dévoiler sa belle âme dans ce qu'il appelle ses *réflexions sur les vacances*, sorte de *vade-mecum* du pieux séminariste. Les extraits que nous y cueillerons montreront à quel degré de piété il était déjà parvenu, et nous révéleront que la douceur, l'humilité, l'affabilité, la distinction que l'on se plaisait plus tard à admirer en lui, étaient moins des qualités naturelles que le fruit d'un travail long et persévérant.

Il considère les vacances comme un temps d'épreuve et d'essai. « De la manière dont je me conduirai en vacances, « dit-il, je pourrai conclure la manière dont je me conduirai dans le ministère.

« ..... D'après la conduite des vacances, mon directeur « pourra juger de ma vocation ou de ma non vocation à « l'état ecclésiastique. Je puis donc considérer ces trois mois « comme un petit ministère, dans lequel je suis envoyé pour « essayer mes forces et pour voir si je mérite que dans la « suite on m'en confie un plus considérable. Il faut donc « que dans toutes mes pensées, mes paroles, mes actions, « j'agisse en véritable ecclésiastique. J'en ai l'habit, il faut « aussi que j'en aie les mœurs et les sentiments. »

Deux choses lui paraissent indispensables pour bien passer ses vacances : l'esprit intérieur et l'étude. Sans l'esprit intérieur qui isole du monde, point de véritable piété. « L'étude est peut-être le point le plus essentiel pour mes « vacances. Si j'ai du goût pour l'étude, j'aurai tout « gagné.

« ..... L'apathie et la mélancolie étant chez moi deux « passions dominantes, et étant si incompatibles avec les « devoirs d'un prêtre, l'étude est donc pour moi strictement « nécessaire..... J'aurai des obstacles à l'étude : le démon

« m'en détournera : ceux avec qui je serai diront que je suis « un sauvage ; ma mollesse naturelle sera là aussi pour une « bonne partie. Mais contre tout cela, je dois me rappeler « qu'un prêtre est essentiellement un homme d'étude..... Le « goût s'en perd facilement, et une fois perdu, il est presque « impossible à retrouver ; il faut l'entretenir continuelle- « ment..... Le temps est court ; il est précieux ; il est à Dieu « et aux âmes dont le soin me sera un jour confié. »

Puis, il descend au fond de son âme pour y chercher ses défauts. Il en trouve quatre qu'il doit particulièrement combattre : l'orgueil, la sensualité, l'apathie et la mélancolie

« L'orgueil et la vanité sont la source de tout le mal qui « est en moi. Il faut que je me pénètre bien que je ne suis « rien : que je médite souvent sur l'humilité, que je la « demande à Dieu.

« La sensualité est un ennemi qu'on porte toujours avec « soi, et qu'il faut combattre à tous les moments de sa vie. « Je la vaincrai en travaillant beaucoup et sérieusement, en « veillant sans cesse sur mes sens et mon imagination, et « surtout en étant sobre et pratiquant quelques mortifica- « tions. A tous les repas extraordinaires, vigilance atten- « tive, sobriété. Je prends devant vous, ô mon Dieu, la « résolution de m'y mortifier toujours de quelque chose .... « Les gens du monde attendent beaucoup d'un ecclésias- « tique sous ce rapport.

« L'apathie est absolument incompatible avec les fonc- « tions d'un prêtre. C'est là le vice fondamental de mon « caractère. Il ne faut pas que je sois jamais sans m'en « occuper..... Ma timidité excessive vient de l'apathie et de « l'orgueil. Il faut la vaincre par toutes sortes de moyens... « Me souvenir de la parabole de l'arbre stérile.

« La mélancolie vient encore de l'orgueil et de l'apathie.

« Quelle sottise de se consumer dans le chagrin et la « tristesse, puisque c'est se plaire dans la gêne, y mettre « les autres et déplaire infiniment à Dieu..... C'est se séques- « trer de tous les autres hommes, aller en enfer en hibou. « Comment sauver des âmes, attirer des pécheurs avec la « mélancolie. ...Grande gaîté et douceur avec tout le monde, « connus ou inconnus, bons ou méchants; croire toujours « les autres meilleurs que moi. »

Et l'oraison, la confession et la communion seront les principaux moyens qu'il emploiera pour avancer dans la vertu. Il prend la résolution de ne jamais se coucher sans avoir préparé le sujet de son oraison. Il veut s'accoutumer, chaque matin, à régler devant Dieu ce qu'il devra faire dans la journée. Outre la confession tous les huit jours, il s'impose l'obligation rigoureuse de faire chaque mois une retraite, dans laquelle il relira son règlement et *ses réflexions*.

Cet aperçu de ses vacances nous dit assez comment notre pieux séminariste employait le reste du temps. Aussi, après ces années de Séminaire, pendant lesquelles son âme est déjà toute formée à la vie sacerdotale, quelles saintes dispositions apportera-t-il à la réception des Ordres sacrés et de la prêtrise!

A la veille d'être ordonné diacre, pour tortifier la sainteté de son âme et ressembler davantage « à l'Agneau immolé « dont il va devenir le principal ministre », il commence à s'imposer des mortifications « régulièrement le vendredi et « le samedi, en l'honneur des souffrances de Jésus-Christ et « de la sainte Vierge. J'y ajoute, dit-il, le jeudi en l'hon- « neur du sacrement de votre amour, ô mon Jésus, où vous « me montrez tant de prédilection..... La méditation de « votre Passion me soutiendra merveilleusement..... Ce « seront surtout vos humiliations, vos souffrances, votre

« amour dans l'Eucharistie qui devront m'occuper jusqu'à « mon ordination de la prêtrise. »

Lorsque ce grand jour approche, il quitte les occupations que son Évêque lui avait déjà confiées près des élèves de Tessé, pour se retirer dans la retraite avec son divin Maître, auquel il va se donner plus entièrement encore, s'il est possible.

Près de Lui, il considère l'avenir, lui parle avec une tendre expansion de ce que sera sa vie sacerdotale, ainsi qu'on s'entretient avec un ami..... « Prêtre de Jésus-Christ, ne « va-t-il pas devenir l'ami de son cœur. — *Jam non dicam* « *vos servos, sed amicos.* — Je fais donc la résolution, ô mon « Jésus, de vous dire tout. D'ailleurs, c'est pour vous que je « dois tout faire, puisque je suis votre ministre. Lorsque « j'aurai quelque chose à entreprendre, j'irai vous conter « cela, vous demander des conseils, des forces. Mes peines, « c'est vous qui les saurez le premier, et ordinairement vous « serez le seul à les savoir ; car il n'y a que vous qui puissiez « donner de vraies consolations.

« Il faut que je fasse tout pour vous ; et alors je ne crain- « drai point l'ingratitude et l'infidélité. J'aimerai tous les « hommes pour vous, en vous ; et alors je les aimerai tou- « jours, amis ou ennemis, ayant toujours les mêmes motifs « de les aimer..... Je veux me proposer, pour but de toutes « mes actions, Jésus-Christ, son service, son bon plaisir, son « amour et sa gloire, pour le salut des âmes.

« La résolution principale de ma retraite, c'est le dévoue- « ment à Notre-Seigneur, son étude et son amour : *Tout* « *pour et par Jésus-Christ.* »

Cette résolution, cette devise, écrites la veille de son ordination, il les garda toujours comme un précieux trésor et elles furent la règle inviolable de sa vie tout entière.

III

Au mois d'octobre 1836, n'étant encore que sous-diacre, M. l'abbé Deslais entra comme professeur au collège de Tessé, et fut ordonné prêtre par Mgr Bouvier, dans sa chapelle épiscopale, le 23 septembre 1837.

Pressé depuis longtemps, par les familles chrétiennes de la Mayenne et de la Sarthe, de fonder un collège dirigé par les prêtres de son diocèse, Mgr Bouvier établissait, en 1836, dans l'ancien hôtel des comtes de Tessé, une école secondaire ecclésiastique.

L'école de Tessé servit comme de transition, au milieu de nos chrétiennes populations du Maine, entre le collège de l'Oratoire, ayant alors déjà perdu de sa vieille renommée, et le collège de Sainte-Croix, érigé plus tard par le digne M. l'abbé Moreau, et remplacé par la brillante École libre des Pères Jésuites de Notre-Dame de Sainte-Croix.

Le collège de Tessé ne subsista que six années. Il n'avait jamais été reconnu officiellement par l'État, mais était seulement toléré à titre de Petit-Séminaire. Son existence était donc fort précaire, et entièrement soumise aux caprices de l'Université, lorsque la translation de l'Évêché à Tessé vint nécessiter de nouvelles constructions, et par suite des dépenses considérables pour une maison dont l'avenir était loin d'être assuré. D'un autre côté, le collège de Château-Gontier était lui-même, pour l'Évêque du Mans, l'objet de graves préoccupations ; le nombre des élèves était peu élevé, et les ressources pécuniaires insuffisantes. Alors, Mgr Bouvier résolut de joindre le collège de Tessé à celui de Château-Gontier. Il y eut une sorte de compromis avec l'Université, qui consentit à ce que la nouvelle maison de Château-Gontier devint un collège de plein exercice, dont tout le personnel, muni de grades universitaires, serait ecclésiastique et nommé par l'Evêque du Mans. Mais, par ailleurs, la maison restait soumise aux règlements de l'Université (1).

Ainsi, au mois d'octobre 1842, Château-Gontier ouvrait ses portes à cinq professeurs de Tessé et à une quarantaine de leurs anciens élèves ; et les deux établissements n'en formèrent plus qu'un seul sous la sage direction de M. Descars.

Malgré sa courte existence, Tessé jeta cependant un brillant éclat. Les meilleures familles de la Sarthe et des environs s'étaient empressées d'y envoyer leurs enfants, et dès la première année, le nombre des pensionnaires s'élevait à plus de soixante. Mgr Bouvier, voulant répondre à cette confiance, avait choisi comme professeurs les prêtres les plus distingués, et s'efforçait d'élever très-haut le niveau des études. M. l'abbé Deslais, qui était bachelier ès-lettres, et réunissait un ensemble de qualités parfaitement appropriées aux délicates fonctions du professorat, fut appelé à la tête de la première classe. Il y resta jusqu'à la fusion des collèges de Tessé et de Château-Gontier, et fut alors nommé professeur de rhétorique dans le nouvel établissement.

Dans les années de son professorat, M. Deslais s'appliqua, comme au Séminaire, à entretenir avec soin sa piété, et à régler tous les instants de sa vie. A cinq heures et demie, chaque matin, le jeune professeur était prosterné devant le saint Sacrement, « offrant à Jésus-Christ toute sa journée, « ses actions, ses pensées, ses paroles, ses peines et ses « joies. » Puis, après une fervente méditation, il allait à l'autel, accomplir, comme il le disait, la plus grande action du prêtre, et pénétré de la grandeur de cet acte, dès la veille il s'y préparait dans sa visite au saint Sacrement.

(1) *Les Séminaires du Mans*, par M. l'abbé Pichon.

« La pratique de saint François de Borgia, disait-il, con-
« vient bien à tous les prêtres, et renferme ce qu'ils devraient
« tous faire : sa vie était une préparation continuelle pour
« un si grand bienfait. Il faut que j'aie continuellement
« dans l'esprit cette pensée : Je dois célébrer la messe aujour-
« d'hui, et, je l'ai célébrée. » — Et le soir, retiré dans le silence de sa cellule, il tombait à genoux au pied de son crucifix ; et interrogeant sa conscience avec sévérité, il se demandait si toutes ses actions avaient été faites pour Dieu. S'arrêtant surtout à ses devoirs de professeur, voici les questions, tracées d'avance, qu'il s'adressait : « Ai-je préparé avec
« soin les matières de la classe ? — Ai-je fait la classe d'une
« manière intéressante et profitable ? — Ai-je eu de la fer-
« meté ? — Me suis-je fait respecter ? — Ai-je tenu au
« silence, à l'exactitude dans les leçons et les devoirs ? — Ai-
« je été en récréation ? — Ai-je eu avec les élèves de la
« gaîté, de la bonté, de la réserve ? — Ai-je donné à mes
« élèves les avis qui leur étaient utiles ? — N'ai-je point
« gardé contre eux du mécontentement ? — Ai-je prié pour
« eux ?..... »

En plus de ses devoirs de piété quotidiens, chaque mois il se réservait un jour de retraite. Le matin il disait la messe à cette intention, passait la journée retiré devant Dieu, considérant sous ses regards le mois écoulé, et s'efforçant de prendre les moyens de remplir mieux encore la mission qui lui était confiée.

Après la prière, le travail était pour lui « un devoir d'état,
« à cause des élèves qu'il devait instruire. » — Les classes étaient toujours préparées avec le plus grand soin ; puis, il savait communiquer au cœur de ses élèves quelque chose de ce mouvement religieux et littéraire qui agitait alors la France. Les œuvres des solitaires de la Chénaie ravissaient

son âme impressionnable ; mais entre tous, le doux et pieux Mgr Gerbet avait ses prédilections. La lutte si brillante engagée pour la liberté d'enseignement lui apportait les échos retentissants des harangues de Montalembert. Et les élèves, et l'enthousiaste professeur participaient à cette vie intellectuelle si active et si mouvementée.

Ses élèves, tel était l'objet de toutes les préoccupations de M. Deslais. Il passait avec eux une partie des récréations ; se montrait toujours à leur égard plein de douceur et de bienveillance. Quels sages conseils dans cette page écrite au cours de son professorat, et qui formait comme la règle des rapports entre le maître et les élèves. « La grande maxime « pour conduire des enfants est douceur et fermeté. Leur « parler toujours d'un air qui marque que l'on porte intérêt « à eux, à tout ce qui les concerne, leur santé, leurs plaisirs « même..... — Ne jamais brusquer leur caractère ; ne « jamais leur rien dire de mortifiant en public, à moins que « ce ne soit pour une faute grave et publique. — Ne jamais « les décourager ; au contraire, leur inspirer toujours du « courage en leur disant qu'ils peuvent bien faire et en leur « donnant des louanges. Avant tout se concilier leur affec- « tion. — En les réprimandant, leur faire sentir leurs torts, « leur faire voir qu'on a regret de les gronder ou de les « punir. — Surtout ne jamais agir par passion ; on perd par « là toute confiance et toute affection. »

Les enfants savent bien vite discerner ceux qui les aiment et veulent leur bien ; aussi, M. Deslais voyait-il, dès les premières années de Tessé, le plus grand nombre des élèves venir lui ouvrir leur cœur et le charger de diriger leur âme. Bien souvent, plus tard, il eut la joie de constater les heureux fruits de son labeur, et il était fier de rencontrer, dans le monde, ses anciens élèves professant hautement la foi qu'il avait fait grandir en eux. Un jour surtout, son cœur fut profondément ému lorsqu'il apprit qu'un de ces élèves dont il avait soutenu les premières aspirations vers le sacrifice, le R. P. Ducoudray, venait de verser glorieusement son sang parmi les nobles martyrs de la Commune.

Enfin, l'Université elle-même remarqua les travaux du professeur de rhétorique de Château-Gontier, et pour lui témoigner son estime, l'honora du titre de professeur à vie.

IV

M. Deslais quitta Château-Gontier au mois de juillet 1852, après seize années de professorat. Quelques mois plus tard, il arrivait à Rome où l'attiraient toutes les aspirations de son âme si profondément attachée à l'Église.

Tessé et Château-Gontier avaient perfectionné son goût et ses connaissances littéraires; Rome allait tourner ses efforts vers l'étude de la Théologie, et fortifier son attachement et son dévouement à la personne du Souverain Pontife. De bonne heure, M. Heurtebize avait su inspirer à son jeune parent l'amour du Chef de l'Église, la volonté d'adhérer en tout et sans réserve aux enseignements du successeur de Pierre; déjà ensemble, vers 1833, ils avaient visité Rome et s'étaient inclinés sous la main paternelle du Vicaire de Jésus-Christ. Avec ces aspirations et ces souvenirs, on conçoit avec quel bonheur M. Deslais vint se fixer à Rome.

Il s'installa comme pensionnaire à Saint-Louis-des-Français, où il retrouva, parmi les chapelains, son ami et ancien confrère de Château-Gontier, M. l'abbé Sauvé.

Il voulut se souvenir tout d'abord qu'il était à Rome « pour « travailler et s'édifier. — Travailler sérieusement la Théo- « logie et l'Écriture-Sainte » aux sources mêmes de la doctrine catholique. — S'édifier par la visite des sanctuaires, de tous les lieux sanctifiés par le souvenir des Apôtres et le sang des martyrs; « vivifier sa vie par l'union de plus en « plus intime avec Notre-Seigneur ». Et pour mieux profiter de ce temps précieux, il eut, selon son habitude, recours à la retraite et alla au Gésu confier son âme au R. P. de Villefort.

Sa vie était réglée entre le travail de la théologie et l'étude de Rome. Et après une préparation sérieuse, le 17 août 1853, il recevait à la Sapience, à la suite d'un examen remarqué, le diplôme de docteur en théologie.

Pendant cet hiver de 1853, il vit souvent Louis Veuillot. Le rédacteur en chef de l'*Univers* était alors à Rome, à l'occasion des démêlés de son journal avec l'Archevêque de Paris. Quels bons souvenirs M. Deslais garda de ces charmantes soirées où, dans un cercle d'amis, entre lesquels Mgr de Ségur, M. de Mérode, Mgr Bastide, Louis Veuillot, avec une verve charmante et tout le laisser-aller de l'intimité, racontait ses visites aux cardinaux, la bienveillance de Pie IX, et tout le bruit de cette affaire « qui occupait le Pape et le Sacré-Collège », disait en riant l'évêque d'Amiens. Le pensionnaire de Saint-Louis, ami des premiers jours de l'*Univers*, conçut de cette époque un attachement plus grand encore à Louis Veuillot et à son œuvre.

Après ses examens de la Sapience, M. Deslais se disposa à quitter Rome. Le Supérieur de Saint-Louis, qui avait vite apprécié ses belles qualités, voulut alors le retenir comme chapelain ; mais, dans son humilité, il se dit « qu'il n'était « point appelé à faire de grandes choses, que l'obscurité et « l'humilité seules lui convenaient » ; et il déclina les propositions qu'on lui faisait pour aller donner à son diocèse ses forces et son dévouement.

V

Mgr Bouvier accueillit avec empressement l'ancien professeur de Tessé, et offrit à son choix plusieurs cures importantes du diocèse. Mais M. Deslais fut effrayé par son inexpérience du ministère paroissial, de la responsabilité qu'il allait encourir, en prenant sur lui la charge redoutable des âmes d'une paroisse; et il pria Mgr Bouvier de lui permettre de préférer le vicariat de Notre-Dame de la Couture où il fut nommé le 19 novembre 1853.

Le nouveau vicaire de la Couture allait apporter, dans l'accomplissement de son ministère, le même zèle, la même régularité, qui l'avait partout caractérisé; et bientôt, la douceur de son caractère, son affabilité et sa grande charité lui acquirent les sympathies et la confiance de la paroisse.

Un peu plus de deux années après, le 23 avril 1856, il était nommé doyen d'Écommoy. Mgr Nanquette, dès son arrivée au Mans, avait remarqué M. Deslais; il voulut par cette nomination l'attacher plus étroitement à son diocèse, sachant que Mgr Wicart pensait à le demander pour le mettre à la tête d'une des maisons d'éducation du diocèse de Laval. Puis, il fut heureux de pouvoir en même temps accéder au désir du vénérable curé d'Écommoy, M. l'abbé Fouquet qui, en remettant sa démission entre les mains de son Évêque, souhaitait vivement de voir M. Deslais prendre sa place à la tête de sa chère paroisse.

Les rapports que Mgr Nanquette eut avec le nouveau curé d'Ecommoy à l'époque de sa nomination, lui permirent de mieux apprécier encore les vertus et la valeur qu'il cachait sous une grande humilité; l'année suivante, il le nommait

2

membre de son Conseil épiscopal et vicaire général honoraire, et quelques mois plus tard, le 24 mars 1858, chanoine honoraire de sa Cathédrale.

M. Deslais passa à peine trois années à Ecommoy, mais ces trois années suffirent pour que son nom y soit encore en vénération jusqu'aux hameaux les plus reculés de la paroisse. Naguère, un de ses successeurs visitait ses paroissiens et se trouvait à l'un de ces hameaux ; en parlant à un vieillard du moulin voisin, il vint au cours de la conversation à prononcer le nom de M. Deslais ; à ce nom, il voit, avec étonnement, le vieux meunier lever respectueusement son bonnet de laine grise, en disant, la voix tremblante d'émotion : « M. Deslais, Monsieur, je ne l'ai jamais oublié et je ne l'oublierai jamais ! »

Le nouveau curé fut installé par Mgr Nanquette, le 8 mai 1856. — Ce fut une belle fête pour la ville d'Ecommoy : Monseigneur y faisait sa première visite; le digne curé qui, depuis plus de 30 ans, avait dirigé cette pieuse paroisse, allait recevoir une dernière fois son Evêque, qui en reconnaissance de ses précieux travaux, lui offrait la mozette de chanoine honoraire. D'un autre côté, la réputation du nouveau curé l'avait précédé; on était fier à Ecommoy de recevoir un tel prêtre. Et cette bonne impression des premiers jours ne fit que grandir; les délicates attentions dont il entoura son vénérable prédécesseur, la bonté avec laquelle il parlait à tous, lui eurent bientôt gagné tous les cœurs.

A l'exemple du divin maître, les regards du nouveau pasteur s'arrêtent d'abord sur ceux qui souffrent. Il établit la société de Saint-Vincent-de-Paul, organise un atelier de travail où des personnes pieuses viennent confectionner les vêtements des pauvres. Avec les pauvres, les malades sont l'objet de ses préoccupations; un groupe de personnes dévouées se forme pour leur procurer les adoucissements et les soins les plus urgents. Mais, c'était insuffisant pour le cœur du zélé curé ; bientôt il fonde un hospice où des religieuses pourront recevoir les vieillards, les malades pauvres et délaissés. Cette œuvre ne fut complètement achevée que sous son successeur; et quelques mois après son départ d'Ecommoy, M. Deslais revenait bénir cette maison, appelée à rendre de si grands services à la paroisse.

En ces premiers jours de sa vie pastorale, M. Deslais laissa encore entrevoir la grande sagesse que Dieu lui avait accordée pour la direction des âmes, et une inaltérable patience dans l'enseignement des voies de la vie intérieure. Ces premiers conseils, nous le savons, n'ont point été oubliés, et servent encore d'encouragement et d'appui à bon nombre d'âmes dans les sentiers de la sainteté.

M. l'abbé Fouquet avait doté la paroisse d'Ecommoy de sa magnifique église ; M. Deslais compléta l'œuvre de son prédécesseur, en donnant à ce beau temple des cloches qui lui prêtèrent une voix digne de sa belle architecture. Les ressources avaient été épuisées par la construction de l'église, il fit appel à la générosité du Chef de l'Etat ; et bientôt il donnait à sa paroisse l'une de ces fêtes religieuses, éclatante comme il les aimait, et, dont la solennité grandiose est restée gravée dans tous les souvenirs. Monseigneur était venu lui-même bénir les nouvelles cloches ; M. le baron Pron, préfet de la Sarthe, était parrain de la plus belle, et représentait l'Empereur et l'Impératrice qui avaient accepté d'être parrain et marraine honoraires. Le colonel du 2e chasseurs, en garnison au Mans, assistait également, avec tous les membres du corps électif de la Sarthe, à cette belle fête, à laquelle la musique de son régiment venait donner un brillant concours.

Au mois de mars 1859, M. Deslais fut nommé archiprêtre de Notre-Dame de la Couture, en remplacement de M. Savarre. Son départ, nous écrit-on, fut pour Écommoy un deuil général. Il avait su se faire aimer de tous; trente années bientôt passées n'ont point effacé son souvenir, et lui-même n'a jamais oublié la paroisse qui avait eu les prémices de sa vie pastorale.

VI

M. l'abbé Deslais était alors suffisamment préparé à venir prendre place à la tête de la belle paroisse de Notre-Dame de la Couture. Il y vint avec une humilité et un dévouement qu'il a comme incrustés en cette touchante prière échappée de ses lèvres dans le silence de la retraite : « Si « dans cette position je dois être un obstacle au salut des « âmes, à la gloire de Dieu, à ma propre sanctification, je « prie Dieu de me la retirer par le moyen qu'il jugera le « plus avantageux à sa gloire et à mon salut ; s'il juge que « je puis être bon à quelque chose, faire un peu de bien et « me sauver, qu'il plaise à sa Souveraine Majesté de me « rendre un prêtre saint et zelé. Je me résigne à souffrir les « peines, les ennuis, les travaux, les fatigues et la mort, con- « jurant sa bonté de me soutenir de sa sainte grâce. »

On peut désormais lui appliquer à lui-même et en toute vérité, ce qu'au jour de son installation il disait de son digne prédécesseur : « Il s'identifiera en quelque sorte avec sa « paroisse; il y concentrera toute la force de son amour et « le but de tous ses travaux ; sa paroisse, ce sera sa vie. »

Il se rappelle alors « que la fin du prêtre est non seulement « de se sauver, mais de sauver les autres, qu'il répondra

« âme pour âmes de ceux dont il est chargé. »..... C'est pourquoi, afin de sanctifier ceux qui lui sont confiés, il veut être un saint. « Il faut vraiment, dit-il, que le prêtre soit un « saint ; qu'il n'ait pas la prétention de s'en tenir à une « vertu médiocre... Il a une trop lourde responsabilité pour « cela. »

Qu'on nons permette de donner ici un extrait du règlement de vie auquel il fut toujours strictement fidèle, jusqu'au jour où la maladie vint briser ses forces et sa volonté.

« Lever à 4 heures 1/2 ; autant que possible, une heure « d'oraison, jamais moins d'une demi-heure!..... Visite « courte au Saint-Sacrement avant de sortir, au retour, un « quart-d'heure. Oh ! le temps bien employé!..... Chaque « jour, lire un chapitre d'Écriture-Sainte, une question ou « une partie de question de Théologie.

« Confession autant que possible tous les huit jours. Exa- « men sérieux. Contrition. De là, la paix de l'âme, l'union « avec Dieu. — Une retraite chaque mois. — Dans la nuit « du lundi au mardi, et du jeudi au vendredi, une heure ou « une demi-heure de méditation sur la Passion. »

Et tous les soirs, surtout le vendredi, jour de la mort du Sauveur, ce prêtre dont le monde se plaisait à vanter la distinction, se croyait obligé de meurtrir sa chair par une dure discipline. Car, « être un saint, disait-il, c'est faire ce que « faisaient les saints : ils étaient durs à eux-mêmes, prati- « quaient la mortification, de rudes pénitences ; en faisant « cela, il ne faut pas croire que je ferai quelque chose d'ex- « traordinaire, je ne ferai que le nécessaire. »

Enfin, chaque année, il quittait pendant une semaine sa paroisse et toutes ses occupations pour aller dans quelque asile religieux, tantôt à la Trappe, tantôt au Mont-Saint-Michel ou à la solitude des Pères Jésuites d'Angers, retremper ses forces et sa vertu dans une pieuse retraite, voulant « que sa vie fût une retraite continuée. »

M. l'abbé Deslais vit dans sa paroisse de Notre-Dame de la Couture une famille confiée à son amour et à ses soins. Et cette famille paroissiale était belle entre toutes : belle par le grand nombre de ses membres; belle par les communautés religieuses qui l'ornaient d'un saint éclat; belle par ses nombreuses maisons d'éducation chrétienne; belle par la foi et la piété qui l'animaient, et que de saints prêtres, dans un long et fructueux ministère, avaient rendues fortes et vivantes.

Telle était la famille paroissiale confiée, dans l'Église du Mans, aux soins du saint archiprêtre. Pour appeler sur elle les bénédictions du Père céleste et fortifier au cœur de cette paroisse le grand esprit de famille qui unissait entre eux et à leur pasteur les fidèles de la Couture, il eut la pensée d'établir en son église un pieux usage gardé encore dans plusieurs grandes paroisses du midi de la France ; il convia ses paroissiens à se réunir chaque soir dans la chapelle de la Sainte Vierge pour y faire la prière en commun ; et il obtint l'insigne faveur de terminer cette pieuse réunion par la bénédiction du T. S. Sacrement. Dans les premières années, la prière était suivie de la lecture de la vie du saint du jour ; on substitua plus tard à cette lecture la récitation du saint Rosaire.

Au sein de cette famille, les plus grandes sollicitudes du Père dévoué furent encore pour les souffrants et les faibles : les *malades*, les *pauvres* et les *enfants*.

VII

Une année seulement après son entrée à la Couture, M. Deslais établit l'œuvre de *Notre-Dame des Malades*. Pieuse association de prières et de bonnes œuvres pour le soulagement spirituel et corporel des malades, érigée sous le patronage de la Bienheureuse Vierge, Mère de Dieu, et agrégée à l'Archiconfrérie établie sous le même titre *(Salus infirmorum)*, dans l'église paroissiale de Saint-Laurent, à Paris.

Cette œuvre fit un bien immense, non seulement dans la paroisse, mais partout où elle comptait des associés. Ainsi, en 1865, la vénérable Supérieure de l'hôpital de Bel-Air, à l'île Bourbon, la vicomtesse Jurien, écrivait à M. le curé de la Couture pour le prier de déposer sur le cœur de Notre-Dame des Malades un cœur en vermeil comme ex-voto. — Dans un voyage en France, Madame Jurien entre un jour à Notre-Dame de la Couture, comme poussée, dit-elle, par une inspiration du Ciel; en parcourant l'église, elle aperçoit le tableau renfermant le règlement de la Confrérie de Notre-Dame des Malades. Elle demande à se faire inscrire, elle et l'hôpital de Bel-Air; et quelques mois plus tard, Notre-Dame des Malades protégeait miraculeusement tous les malades de l'hôpital d'une épouvantable épidémie de la fièvre de Bombay.

A la prière, M. Deslais joignait la visite assidue des malades : « Faites, ô mon Dieu, disait-il, que je ne sois jamais « négligent pour les malades et les moribonds, afin de mé- « riter de bien mourir. » — Voici la place qu'ils occupaient dans son règlement : « Ne mettre ni retard, ni négligence « dans la visite des malades ; me rappeler le matin les mala-

« des à voir ; leur parler avec affection, les bien préparer à « la mort ; les administrer le plus tôt possible..... » Aussi, dans les derniers jours de sa vie, lorsque la pensée de la mort se présentait, pouvait-il se rassurer en disant : « Au « moins, mon Dieu, je ne crois pas avoir négligé les mala- « des. »

Ce qu'il était près des malades à ce moment suprême, il l'a laissé voir dans cette belle page dont nous avons le regret de ne citer qu'un extrait, et où il raconte la mort d'une jeune femme des meilleures familles de sa paroisse. Elle lui avait fait promettre d'être près d'elle au dernier moment : « Je veux, mon Père, que vous remettiez vous-même mon « âme entre les mains de Jésus-Christ. — Puis, quand elle « eût fait ses adieux à ceux qu'elle aimait sur la terre, bénit « ses enfants « de toutes les bénédictions que peut donner « une mère », dans un élan sublime que je n'oublierai de ma « vie, elle éleva ses yeux et joignit les mains : O mon Sei- « gneur Jésus, s'écria-t-elle, vous êtes bon, vous êtes ado- « rable !....., et après un court silence, : Ayez pitié de moi ! « Elle se tut quelques instants, les mains toujours jointes, « les yeux toujours élevés au Ciel. — Puis elle me dit : Mon « Père, que faut-il faire ? — Je vous lirai les litanies des « agonisants, en français, pour que vous puissiez les suivre. « Vous répondrez : Ayez pitié de moi, ou priez pour moi. « Elle le fit avec une grande ferveur. — Après les litanies, « elle me dit : Mon Père, je ne puis suivre, parlez-moi « comme vous avez coutume de faire..... — Mon enfant, lui « dis-je, aimez-vous Notre-Seigneur Jésus-Christ de tout « votre cœur ? — Oui, mon Père, dit-elle les mains jointes, « les yeux et la tête modestement baissés, dans l'attitude « d'une petite enfant qu'on interroge. — Notre-Seigneur « vous a bien aimée aussi, il a donné sa vie pour vous, vou-

« lez-vous donner aussi la vôtre pour Lui? — Oui, mon « Père. — Lui donnez-vous votre vie, puisqu'il vous la « demande en union avec la sienne? — Oui, mon Père. — « Si vous pouviez Lui faire de plus grands sacrifices que « celui de votre vie, les Lui feriez-vous? — Oui, mon Père. « — Bien, mon enfant : baisez son image en prononçant les « doux noms de Jésus, de Marie et de Joseph. Je lui mis « dans la main un crucifix indulgencié pour la bonne mort. « Ses yeux déjà ne distinguaient plus. Elle demanda où « étaient ses pieds. Je lui mis les pieds du Christ sur les « lèvres ; elle les pressa avec force sur ses pauvres lèvres qui « déjà ne pouvaient plus se fermer entièrement. Elle le fit « deux fois en prononçant deux fois, de toute l'énergie qui « lui restait, les doux noms que l'Église nous apprend à « invoquer en mourant. Puis sa voix resta silencieuse, ses « mains s'affaissèrent, le Christ s'échappa de ses mains. « Bientôt une première contraction de la face annonça la fin. « Nous tombâmes tous à genoux. Je lui dis : Voilà le Sei- « gneur qui vient ; mon Dieu, je remets mon âme entre vos « mains. Je commençais le *Proficiscere anima christiana*. « Bientôt une troisième contraction se fit; et son âme était « dans les bras du Sauveur. »

VIII

« Ses aumônes, les pauvres seuls les connaissent. » Ainsi parlait M. Deslais, en faisant dans la chaire de la Couture l'éloge de son vénérable prédécesseur, M. Savarre. — De lui on peut dire également en toute justice : les pauvres furent ses amis privilégiés; et eux seuls connaissent toutes ses aumônes.

Dès sa retraite de la prêtrise, il avait pris la résolution « d'employer en aumônes l'argent provenant de la rétribu- « tion de ses messes. » Dieu lui avait donné une certaine fortune, elle était la fortune des pauvres. L'une de ses principales messagères de charité était sœur Scholastique, des religieuses de la Miséricorde ; et elle avait trouvé le secret de ne s'entendre refuser jamais. On la voyait arriver à la sacristie le matin, portant au bras son légendaire sac de toile noire ; parfois elle trouvait un visage assez dur : — « C'est encore vous, ma Sœur, que voulez-vous donc ? — Monsieur le Curé, c'est pour vos pauvres ! » A ce mot magique, la figure du bon curé s'illuminait d'un sourire, et pour toute réponse il tendait son porte-monnaie à l'importune solliciteuse. — « Mais, Monsieur le Curé, c'est qu'il me faut beaucoup d'argent aujourd'hui. — Prenez, ma Sœur, prenez tout ce qu'il faudra. »

Il aimait à se servir de ceux dont il avait soulagé la misère, pour en faire ses aides dans l'assistance des malheureux. C'était un moyen qu'il leur offrait d'acquitter la dette de leur reconnaissance, et il évitait ainsi de multiplier les témoins de sa charité, car il exigeait avec une autorité sévère le secret le plus absolu. Souvent, par ces intermédiaires, il vint en aide à des misères profondes et cachées, sans qu'on sut jamais quelle main bienfaisante avait adouci ces épreuves.

Lorsque lui-même visitait les pauvres, il s'efforçait toujours de leur venir en aide avec la plus grande discrétion. Il put ainsi, pendant des années, donner à une pauvre malade qu'il visitait fréquemment, les secours nécessaires à elle-même et à toute une famille dont elle était le seul soutien, sans que la religieuse qui la gardait pût jamais rien soupçonner. Il mettait ordinairement dans la main de sa malade en la quittant, une enveloppe fermée. — « Mon, enfant, lui disait-il, vous lirez cela plus tard, toute seule. » — Une première fois, pendant que la religieuse était allée reconduire le pieux visiteur, elle ouvrit sans précaution la mystérieuse enveloppe, et elle vit, émue et surprise, plusieurs pièces d'or s'en échapper et rouler au loin dans l'appartement.

IX

« Notre Seigneur se plaisait surtout avec les malades, les « pauvres, les enfants. » Tel était le divin modèle que M. Deslais s'efforçait de reproduire partout; et à son exemple il aimait les petits enfants, se plaisait au milieu d'eux, allait souvent les visiter dans les écoles, où il les encourageait au travail et à l'amour de l'enfant Dieu.

Il fut effrayé, un moment, du danger qui allait menacer dans une partie de la paroisse l'âme de ses chers enfants et la foi de son peuple. — « La foi, écrivait-il, est, dans le voi« sinage de notre gare, menacée d'un danger... Le prosély« tisme protestant a élevé là un temple, la place lui a paru « vacante : lui laisserons-nous le champ libre, et, à côté de « l'erreur, la vérité ne pourra-t-elle faire entendre ses « divins enseignements? Non seulement il n'y a pas là de « chapelle catholique, mais il n'y a pas d'école pour les « enfants du peuple.

« Chargé devant Dieu des intérêts spirituels et moraux de « cette partie nombreuse de notre troupeau, et sentant tout « le poids de cette responsabilité, nous avons formé le des« sein d'élever près de la gare, une Chapelle de secours et « une école pour les garçons. »

Le digne archiprêtre dévoilait ainsi ses craintes et sa

sollicitude pour les enfants pauvres, dans une circulaire où il demandait des secours pour ces œuvres importantes. Il fut aidé surtout par un homme de bien, dont toute la vie fut une vie de charité ; ils se constituèrent avec Mgr Fillion, en une société civile, qui devint propriétaire des terrains acquis et des immeubles qu'on allait construire. Et bientôt, la nef élancée d'une Chapelle consacrée à saint Joseph, se dressait près de la gare; une école de garçons était bâtie et confiée aux soins dévoués des Frères des Écoles chrétiennes. En même temps, autour de la Chapelle de saint Joseph, les religieuses de Ruillé élevaient, à côté de leur beau pensionnat, un externat, une école gratuite, et non loin de là une salle d'asile. Et dans ce quartier populeux et longtemps privé d'écoles, les Frères donnent actuellement une instruction chrétienne à 300 enfants; et les religieuses de Ruillé voient près de 600 enfants se presser dans leurs différentes écoles. Des trois associés de cette œuvre de charité, M. Paul Oger est resté seul, continuant ses largesses et augmentant les écoles commencées.

Dans une partie plus centrale de sa paroisse, M. Deslais fait entendre l'appel de la charité à une femme généreuse et dévouée, Mademoiselle Le Conte de Blanchardon, qui fonde le bel orphelinat de l'Enfant-Jésus au Bourg-d'Anguy. Là, les religieuses d'Évron élèvent dans l'amour du travail et de la piété, de petites orphelines, qui retrouvent près d'elles la tendresse et les soins affectueux des parents que la mort leur a prématurément enlevés.

Enfin, M. Deslais veut établir près de son église, une maîtrise qui « lui fournira des enfants de chœur pieux et régu-« liers, et plus tard des élèves des Séminaires. » Dieu a manifestement béni cette œuvre préférée du pieux archiprêtre : elle a déjà donné à l'Église seize prêtres, dont cinq sont entrés dans la Compagnie de Jésus ; elle compte encore seize élèves au Grand-Séminaire, et six au Petit-Séminaire de Précigné.

M. Deslais aimait entre tous ces enfants de sa maîtrise ; c'était pour lui l'œuvre du cœur, et en mourant, il légua à cette œuvre, pour assurer son avenir, sa terre du Saulay ; comme un père lègue à ses enfants la maison de sa naissance.

X

Le saint archiprêtre de Notre-Dame de la Couture usa ses forces, consuma sa vie, surtout au tribunal de la pénitence. — « Il y a, disait-il en parlant d'un de ses prédécesseurs, « dans le livre de vie d'un saint prêtre tant de choses que « l'œil de l'homme ne peut pénétrer ! Dieu seul peut connaî- « tre, comme Lui seul il peut récompenser ces vertus modes- « tes et cachées, dont les œuvres extérieures ne sont que le « pâle reflet. » — Dieu seul aussi a pu connaître tous les fruits de « sa prudence, de sa sagesse et de sa charité », dans la direction des âmes. Ni les fatigues excessives, ni les multiples occupations du dehors ne le firent s'écarter un instant de la douceur et de la patience qu'il apportait à l'exercice de ce saint ministère. Au tribunal de la pénitence, il voulait toujours être plein de bonté, surtout pour les pauvres, et traiter ce sacrement avec le plus grand respect.

Sa bonté toute paternelle pour les âmes se manifesta surtout dans une circonstance qui devait remplir son cœur sacerdotal d'une grande joie. Dieu voulut, un jour, se servir de ce saint prêtre pour retirer des ténèbres de l'erreur et élever jusqu'aux sommets de la vie religieuse une âme droite et pure qu'il s'était destinée. — Une jeune fille, d'origine anglaise, élevée dans la religion protestante, était venue passer quelques années en France. Mise en rapport avec M. Deslais, elle fut d'abord touchée de sa grande bonté ; puis, l'entendant parler de la religion catholique, d'une façon toute différente de ce qu'on lui avait dit jusqu'alors, le doute entra dans son âme et, avec le doute, le désir de s'instruire. Le bon curé se fit son catéchiste, l'instruisit avec patience, et lorsque la vérité l'eut éclairée de ses divins rayons, il voulut, en la baptisant, être son parrain et remplacer désormais près d'elle les parents dont elle allait se séparer pour se donner à Dieu. Peu de temps après il conduisait sa fille adoptive aux portes du Carmel, et, après lui avoir rappelé avec émotion « les voies mystérieuses par lesquelles Dieu l'avait con- « duite à la vérité ; les liens si forts qu'elle avait dû briser, « liens de l'éducation, liens des préjugés et de l'erreur, « liens de la patrie qui l'avait vue naître et grandir, liens « plus puissants encore de la famille, il l'introduisait en « cette sainte solitude où Dieu lui avait préparé une mère et « des sœurs qui l'accueillirent avec la charité de Jésus-Christ « et où elle allait goûter combien il est doux de servir Dieu « dans la paix de la vie religieuse. »

En priant pour ses pénitents, « afin de les amener davan- « tage à Dieu et d'en faire des pénitents pieux », M. le curé de la Couture n'oubliait point les pécheurs. « Il en avait tou- « jours un particulièrement en vue ; agissait auprès de lui « de toutes les manières, surtout par l'intermédiaire de « Notre-Seigneur et de la sainte Vierge, jusqu'à ce qu'il fût « converti. »

Il cherchait encore à fortifier la foi de ses paroissiens par les pèlerinages. Et il donna ainsi dans le diocèse une grande impulsion à ces pieuses manifestations, qui n'étaient plus guère connues que comme un souvenir des siècles de foi. Il choisissait ordinairement l'époque de la fête des saintes reliques, à laquelle il donnait un grand éclat, voulant entourer d'honneurs les restes précieux des Saints, dont son église possédait un si riche trésor. Après un *Triduum* solennel, donné par un prédicateur choisi, il entraînait ses paroissiens vers quelque pieux sanctuaire, afin, disait-il, de faire ainsi un acte de foi et d'implorer les grâces du Ciel. L'une des premières de ces saintes pérégrinations fut dirigée vers Notre-Dame de l'Épine, à Évron, là où tant de souvenirs du passé attachaient le pieux curé. Il venait demander à la Vierge, qui avait béni ses premières années, de bénir ses chers paroissiens. D'autres fois, il alla au tombeau de saint Martin à Tours, au sanctuaire de la Vierge de nos pères à Chartres. Souvent ces pèlerinages revêtaient un caractère de solennité qui frappait vivement les populations, étonnées et édifiées de voir ces pèlerins, par plusieurs centaines, traverser pieusement les rues de leurs cités et se presser en foule compacte à la table du Dieu de l'Eucharistie. A Chartres, le saint évêque du diocèse, entouré de ses Vicaires généraux et du clergé de sa Cathédrale, se tient au pied de l'autel splendidement illuminé, pour recevoir les pèlerins de Notre-Dame de la Couture à leur arrivée dans le sanctuaire de Marie.

Et quelle ardente piété le digne curé faisait paraître dans ces belles manifestations, comme son cœur débordait au milieu de la joie sainte de ses paroissiens! » Un jour, à N.-D. de Lourdes, nous raconte un de ses anciens condisciples de Château-Gontier, vénérable prêtre chargé d'ans et de mérites, je me trouvais un peu embarrassé parmi ces expansions bruyantes auxquelles nos pays ne sont guère habitués ; alors je cherchai des yeux M. Deslais. Je le vis, son grand chapelet au cou, priant à haute voix, les bras en croix ; et aussitôt je me mis à l'imiter, sûr de bien faire en suivant son exemple. »

XI

M. Deslais était justement fier de sa belle et grande paroisse de Notre-Dame de la Couture, il aimait à la parcourir jusque dans les quartiers les plus reculés, et à se mettre en rapport avec ses paroissiens. Mais alors il était attristé de voir dans cette vaste étendue de territoire paroissial, un si grand nombre de fidèles éloignés de l'église, et privés de tant de secours religieux. Pour remédier à ce grave inconvénient, déjà dans le voisinage de la gare, il avait projeté d'établir les R. P. Capucins. Mais ceux-ci, par suite de différentes circonstances, s'étant installés dans une autre partie de la ville, la Chapelle de Saint-Joseph est restée desservie par les prêtres de la paroisse. Et on aime, dans tout ce quartier, cette Chapelle à laquelle on s'est attaché en s'habituant à la regarder comme une Chapelle paroissiale.

Mais, au-delà de la gare, une population nombreuse s'était peu à peu agglomérée dans la région de l'abattoir et de l'Australie, et se trouvait, par la ligne du chemin de fer, séparée de tout centre religieux. Le cœur du curé de la Couture en souffrait ; et c'est alors, qu'à son instigation, un terrain fut acheté dans ce nouveau quartier pour y bâtir une Chapelle de secours. Dans l'intention de M. Deslais, cette Chapelle devait être d'abord desservie par un prêtre résidant près de la Chapelle, et ayant titre de vicaire de la Couture, en attendant qu'une paroisse put être régulièrement érigée. Une suite de difficultés entravèrent ce projet et en arrêtèrent l'exécution.

Ce fut vers cette époque que le nom de M. Deslais fut mis en avant pour l'Episcopat; mais aussitôt qu'il l'apprit, il s'opposa formellement à ce que l'on continuât les démarches commencées; ne voulant pas entendre pour lui-même, le cosneil qu'il donnait plus tard à un ami, avec une sainte autorité. M. l'abbé Oury, aumônier du Borda, appelé, lui aussi un jour, par l'affection et la haute estime de ses chefs de la marine, à prendre rang parmi les membres de l'Episcopat, hésitait, et ne voulut pas charger ses épaules de ce lourd fardeau, avant d'avoir pris l'avis de M. Deslais. Il vint un soir le consulter et remettre son avenir à sa décision. Après avoir longuement exposé le pour et le contre, avec une grande intelligence de la situation de l'Église en France, et manifesté un grand souci de l'avenir de l'Episcopat, le digne archiprêtre réfuta toutes les objections alléguées, et conclut en disant : « Vous êtes, vous, mon cher ami, rempli « d'honneur, acceptez, c'est le devoir. »

Enfin, M. Deslais ne voulut point oublier la maison de Dieu, et s'efforça par d'importantes restaurations d'embellir la vaste église des Bénédictins, devenue depuis bientôt un siècle église paroissiale de la Couture. Il restaura la belle crypte, qui servit de sépulture à saint Bertrand, évêque du Mans, et fondateur de l'abbaye de la Couture, vers la fin du VIe siècle; et il y donna accès au public par deux escaliers latéraux. — A ses frais et sous sa responsabilité, il rapprocha le maître-autel des degrés du chœur, afin que les fidèles pussent mieux suivre les offices sacrés; et dans l'espace laissé vide derrière l'autel, il fit élever de nombreuses et belles stalles pour le clergé, et un orgue d'accompagnement, avec buffet dans le genre des stalles. — Parmi ses autres travaux, se trouve encore la restauration des différentes chapelles du pourtour du chœur, entre autres la Chapelle du Sacré-Cœur, qu'il orna à ses frais avec un soin particulier. Il revêtit les côtés de boiseries tirées des vieilles stalles des religieux, et au fond éleva un rétable et un élégant ciborium en pierre, destiné à abriter la sainte réserve. Il voulut, en ornant ainsi cette chapelle, en faire le pieux sanctuaire des adorateurs du Saint-Sacrement.

XII

Il y avait près d'un quart de siècle que M. Deslais prodiguait à sa chère paroisse de la Couture ses soins dévoués et les efforts d'un zèle toujours plein d'ardeur, lorsque Dieu sembla écouter la prière qu'il lui adressait au début de ce ministère si fécond en œuvres de salut : « Si dans cette position je dois être un obstacle au salut des âmes, à la gloire « de Dieu, à ma propre sanctification, je prie Dieu de me la « retirer, par le moyen qu'il jugera le plus avantageux à sa « gloire et à mon salut. » Et avant que l'affaiblissement de ses forces ne vint ralentir ses œuvres, Dieu le retirait de sa paroisse, par un moyen destiné à achever la beauté de cette âme sacerdotale, parée déjà de tant de mérites, en la faisant passer par le creuset des humiliations et des souffrances.

Il fut frappé, au milieu de ses paroissiens, d'une affreuse maladie qui, en même temps que ses forces, brisa sa belle intelligence. Ce fut le dimanche des Rameaux de l'année 1882, qu'il fut arraché violemment à sa paroisse ; commençant, à l'exemple de son Sauveur, après les triomphes et les joies de sa vie sacerdotale, à gravir son rude calvaire. Son martyre dura huit mois, après lesquels, guéri presque instantanément pendant une neuvaine à Notre-Dame de Lourdes, il alla, accompagné d'un vieil ami, M. l'abbé Bréteaux, dont le fidèle dévouement lui fut précieux en ces jours d'épreuves, remercier la Vierge Sainte à son sanctuaire du Gave et achever sous sa protection le rétablissement de ses forces.

C'est de là qu'il écrivait à la T. R. Mère Prieure du Carmel du Mans : « J'ai eu le temps de penser à cette journée « du Dimanche des Rameaux, et j'y pense sans aucune « espèce d'amertume. Nous ne savons pas ce qui est utile « pour notre salut : Dieu le sait, et j'adore sa main toujours « paternelle. Je ne puis dire qu'une chose : *Bonum, quia* « *humiliasti me : in te, Domine, speravi, non confundar in* « *æternum.* C'est pour mon bien, Seigneur, que vous m'avez « humilié ; j'ai espéré en vous, c'est pourquoi je ne serai « pas perdu pour l'éternité. Ayez la charité, ma bonne Mère, « de faire prier et de prier pour moi, l'épreuve semble pas- « sée pour le moment ; demandez à Dieu qu'elle me profite, « et que j'en sorte plus détaché de moi-même et plus zélé « pour la gloire de Dieu et le salut des âmes. »

Et vers le même temps, il écrivait à sa filleule au même Carmel : « C'est grâce à vos prières, ma chère enfant, à « celles des âmes qui ont bien voulu penser à moi, qu'au « milieu des épreuves qui ont, je puis vous le dire, surpassé « ce que je pouvais soupçonner ou craindre, j'ai pu con- « server la confiance en Dieu. C'est le Sacré-Cœur et « l'Immaculée-Conception, en qui j'ai toujours espéré, qui « m'ont soutenu et consolé. Veuillez les en bénir en mon « nom..... Je jouis ici d'une paix profonde, sous le toit des « Pères missionnaires de la Grotte qui nous comblent des « attentions les plus délicates. Je vis dans le présent, tel que « Dieu veut bien me l'accorder, confiant pour l'avenir dans « sa Providence qui, jusqu'ici, m'a conduit, comme par la « main, là où je ne voulais pas, m'a délivré et ne m'aban-

« donnera pas, j'espère, jusqu'au moment où je quitterai « réellement ce monde, auquel j'ai été bien mort pendant « bientôt huit mois. C'est au moins un apprentissage de la « mort. Puisse-t-il me profiter pour aller plus sûrement et « avec moins de regrets dans la vraie patrie. »

Lorsque ses forces paraissent affermies, sa pensée se tourne vers sa paroisse à laquelle il veut consacrer son reste de vie. — « Le bon Dieu, écrivait-il à Monseigneur d'Outre-« mont, m'ayant rendu ma santé d'autrefois, je dois penser à « ma paroisse. Aussi, je compte quitter Lourdes incessam-« ment et m'acheminer à petites journées vers Le Mans. »

Les paroissiens de la Couture reçurent avec une respectueuse sympathie le vieillard encore affaibli, qui revenait leur apporter son cœur et ses dernières forces ; et ils étaient remplis d'émotion en le voyant d'un pas tremblant parcourir les rues de sa paroisse pour aller encore au chevet des malades porter les consolations et les espérances célestes.

Hélas ! ses forces trahirent bientôt son grand cœur, et il tomba épuisé. Il dut alors se retirer à Evron, où l'affection des siens s'efforça d'adoucir les amertumes des derniers jours. — Mais là encore, son cœur et sa pensée étaient au milieu de ses paroissiens de la Couture. Il s'informait avec soin de ces familles aimées, dont il avait été si longtemps l'ami dévoué et le sûr conseiller ; dont il avait partagé toutes les tristesses et ressenti toutes les joies. Et à peine un mois avant sa mort, il écrivait, d'une main défaillante et pouvant à peine tracer les mots, au pieux archiprêtre qui, après avoir, lui aussi, dirigé quelques années la paroisse d'Ecommoy, était venu prendre sa place à la tête de la paroisse de la Couture : « Monsieur le Curé, je vous remercie de votre « bonne visite. Je prie beaucoup pour vous. Je prie la sainte « Vierge Marie de vous bénir et Dieu de vous accorder les

« grâces dont vous avez besoin. J'envoie ma bénédiction à « tous les chers paroissiens de la Couture. Je pense toujours « à ma chère Couture. Mon cœur y est resté tout entier. »

C'était son dernier adieu. Il mourut le 29 novembre 1887, entouré de ses chères Sœurs de la Miséricorde, « ces anges des dernières douleurs », comme il les appelait.

M. l'abbé Vannier, doyen d'Evron, qui avait accueilli avec une sympathie affectueuse et une grande vénération ce vieillard, venant, au soir de son sacerdoce, demander asile au pays de son enfance, voulut, par une dernière et délicate attention, que son corps reposât dans la chapelle réservée aux curés d'Evron, près de ceux qui avaient guidé et encouragé ses premiers pas dans la vie chrétienne.

Bien qu'il n'ait pas rendu le dernier soupir au milieu d'eux, et que sa tombe soit éloignée, ses anciens paroissiens aimeront à garder dans leurs prières une place de choix au saint archiprêtre qui a si largement dépensé sa vie pour eux.

Le Mans. — Imprimerie Leguicheux et Cie, rue Marchande, 15 et 17.

www.ingramcontent.com/pod-product-compliance
Ingram Content Group UK Ltd.
Pitfield, Milton Keynes, MK11 3LW, UK
UKHW021043180726
13838UKWH00004B/1983

9 782329 327716